Las Lecturas ELI son una completa
gama de publicaciones para lectores
de todas las edades, que van desde
apasionantes historias actuales a los
emocionantes clásicos de siempre.
Están divididas en tres colecciones:
Lecturas ELI Infantiles y Juveniles,
Lecturas ELI Adolescentes y Lecturas
ELI Jóvenes y Adultos. Además de
contar con un extraordinario esmero
editorial, son un sencillo instrumento
didáctico cuyo uso se entiende de forma
inmediata. Sus llamativas y artísticas
ilustraciones atraerán la atención de los
lectores y les a~~~
disfrutan leye

GW00685350

Johnston McCulley

EL ZORRO

Reducción lingüística, actividades y reportajes
de Rosana Mondino

Ilustraciones de Silvia Bonanni

Lecturas **ELI** Adolescentes

El Zorro
Johnston McCulley
Reducción lingüística, actividades y reportajes de Rosana Mondino
Control lingüístico y editorial de Maria José Cobos Rueda
Ilustraciones de Silvia Bonanni

Lecturas ELI
Ideación de la colección y coordinación editorial
Paola Accattoli, Grazia Ancillani, Daniele Garbuglia (Director de arte)

Proyecto gráfico
Sergio Elisei

Compaginación
Emilia Coari

Director de producción
Francesco Capitano

Créditos fotográficos
Olycom, Archivo ELI

Font utilizado 13/18 puntos Monotipo Dante

© 2012 ELI s.r.l.
P.O. Box 6
62019 Recanati (MC)
Italia

T +39 071750701
F +39 071977851

info@elionline.com
www.elionline.com

Impreso en Italia por Tecnostampa Recanati – ERT 226.01
ISBN 978-88-536-0781-2

Primera edición Febrero 2012

www.elireaders.com

Sumario

Estos iconos señalan las partes de la historia que han sido grabadas.
empezar ▶ parar ■

Personajes principales

BERNARDO

FRAY FELIPE MENDOZA

ISABEL SILLERO

PEDRO GARCIA GONZALES

DON DIEGO VEGA

DON ALEJANDRO VEGA

Expresión escrita

1 **Responde a lo siguiente escribiendo una respuesta completa.**

> ¿Cuál es tu animal favorito? ¿Y por qué?
> *Tornado es el animal favorito de Zorro. Es un magnífico*
> *caballo negro que corre veloz.*

1 ¿Es un animal doméstico?

....

2 ¿Vive libre en la naturaleza?

....

3 ¿Vive en tu casa? ¿Cómo se llama?

....

4 ¿Qué come? ¿De qué color es?

....

5 ¿Es un animal grande o pequeño?

....

2 **Haz una breve descripción de tu animal favorito usando alguna de las respuestas que has dado.**

....
....
....
....

Vocabulario

3 **Prepara dos listas con adjetivos que describan un aspecto del carácter o del físico de una persona.**

Positivos: *amable,* ....

Negativos: *tacaño,* ....

4 Escribe un sinónimo y un antónimo.

	Sinónimo	Antónimo
importante	*significativo*	*insignificante*
1 amable	....	....
2 calmo	....	....
3 divertido	....	....
4 delicioso	....	....
5 rico	....	....
6 lejano	....	....
7 antiguo	....	....
8 entusiasmado	....	....
9 encantado	....	....

Gramática

5 ¿En qué situación dirías las siguientes expresiones?
Marca la opción correcta.

1 ¡Que te mejores!
Tú hablas con alguien...
A ☐ enfermo.   **B** ☐ lento.   **C** ☐ mojado.

2 Yo, en tu lugar, llamaría a Bernardo.
Tú .... llamar a Bernardo.
A ☐ recomiendas   **B** ☐ quieres   **C** ☐ vas a

3 Hay que reconocer que Lolita es una persona de lo más
corriente. Lolita es...
A ☐ deportista.   **B** ☐ normal.   **C** ☐ extraordinaria.

4 ¿Qué tal te va vernos el viernes?
Tú estás .... una cita.
A ☐ proponiendo   **B** ☐ avisando de   **C** ☐ recordando

5 Don Diego se ha vuelto un poco presumido.
Don Diego .... presumido.
A ☐ es   **B** ☐ ha sido   **C** ☐ está

Capítulo I
Diego Vega en España

▶ 2 La primera vez que vi a Diego Vega, fue cuando llegó a la Universidad de Humanidades de Barcelona, donde yo también estudiaba. Los dos éramos adolescentes, de familias importantes, él provenía de un lejano territorio llamado California que dependía del Rey de España y tenía un Gobernador español y yo de Toledo en España.

Diego, el hijo de Don Alejandro Vega, que era el más rico de los colonos españoles de Alta California, había ido a España para seguir sus estudios literarios y el arte de la esgrima*, como era deseo de su padre.

En cuanto a mí, me llamo Manuel y soy el hijo de Don Rodrigo Escalante, un importante armero de Toledo.

Diego parecía un muchacho robusto e inteligente, pero perdía los estribos* fácilmente si le molestaban. Durante una de sus rabietas me convertí en su amigo. Tuve simplemente la desgracia (o la suerte) de cruzar sin mirar el patio de las caballerizas de la Universidad mientras él

esgrima arte de esgrimir, jugar y manejar de espada
perder los estribos impacientarse mucho.

10

entraba montando a caballo. El animal se asustó mucho y se encabritó, pero como Diego era un buen jinete no lo tiró al suelo.

–¡Pero qué hace, Señor! –exclamó enojado Diego –¿me quiere matar?

–Lo siento mucho, pero un buen caballero no debe temer romperse el cuello cuando su caballo se descontrola –le respondí.

De un salto, Diego bajó de su caballo diciendo: –¿Es una provocación?, ¿quiere usted desafiarme a duelo?

–No, no es una provocación, pero si realmente usted quiere hacerse daño, estoy a su disposición –le contesté.

–¡Pero qué hacéis, Señores! –gritó una voz profunda detrás de nosotros.

–Si todos nuestros estudiantes se desafían a duelo y se matan antes de aprender el arte de las armas, ¿en qué nos convertiremos? –continuó.

Viendo nuestro asombro se presentó:

–Soy vuestro profesor de esgrima, y si queréis luchar entre vosotros deberéis antes pasar unos cuantos años en esta Universidad para que vuestros brazos se fortalezcan y vuestra táctica sea perfecta.

Aprenderéis a manejar la espada tan refinadamente que seréis capaces de cortar un cabello de vuestro oponente sin tocarlo. Mientras tanto me haréis el favor de no pelear fuera del horario escolar –dijo aquel hombre impresionante usando un tono medio en serio y medio divertido.

–Y ahora... ¡corred a clase! –ordenó el profesor.

Diego me miró, nuestras miradas se intercambiaron y de pronto, juntos, soltamos una gran carcajada⋆.

–¡Ah! Veo que vuestro enojo se ha desvanecido rápidamente... –observó deteniéndose el profesor.

–Eso está bien: un verdadero caballero debe saber contener su ira y arriesgar su vida sólo por causas importantes –concluyó encaminándose hacia la Universidad.

–Me llamo Diego Vega, para servirle a usted –se presentó Diego, volviéndose hacia mí, mientras se inclinaba con una reverencia⋆.

–Mi nombre es Manuel Escalante.... ¡mucho gusto! –le contesté con una sonrisa.

–El profesor tiene razón –agregué.

–¡Estoy completamente de acuerdo! Y pido

carcajada risa impetuosa y ruidosa
reverencia inclinación del cuerpo en señal de respeto

disculpas por haber sido tan impetuoso –señaló Diego.

–Soy yo quien le pide disculpas –rebatí.

–¡No iremos a pelearnos ahora para saber quién debe pedir disculpas! – exclamó Diego riendo.

Me eché a reír yo también y pensé: me agrada este muchacho. Pronto se convertiría en algo más que un amigo: ¡un cómplice*!

A partir de ese momento, los profesores tuvieron a los dos mejores estudiantes de la Universidad, pero también a los dos más rebeldes, para regocijo de nuestro maestro de armas cuya inmensa estatura nos impresionó tanto el día que lo conocimos. Aquel hombre estaba en lo cierto. Hicimos grandes progresos con la espada y también con la pistola. A los pocos meses la pólvora negra y el plomo dejaron de tener secretos para nosotros. Los otros maestros tenían más dificultad en calmar y canalizar nuestra energía y se lamentaban de que nuestra disciplina para las armas no fuera la misma que la que demostrábamos para las clases de historia, español, latín o música.

Sin embargo, a pesar de nuestro temperamento

cómplice quien conoce algo que es secreto u oculto para los demás

rebelde, aprendimos mucho más que los otros estudiantes y no nos suspendieron* enviándonos prematuramente a nuestra casa. Pero ahora me doy cuenta que fue gracias a las importantes sumas que nuestras familias depositaban para pagar nuestros estudios.

Diego y yo éramos iguales: la misma corpulencia, el mismo tamaño, casi el mismo peso y si no hubiera sido por su típico acento de California todos hubieran podido pensar que éramos hermanos. Nos reíamos de las mismas bromas, teníamos los mismos deseos al mismo tiempo, y si alguien veía a uno de nosotros sabía que el otro no estaba muy lejos de allí. A veces bastaba que uno comenzara una frase para que el otro la finalizara: nuestros pensamientos eran similares.

Como los profesores se irritaban por nuestra constante charla en la clase, inventamos un nuevo juego: una especie de código gestual discreto, que nos permitía comunicarnos entre nosotros sin hablar. Un abrir y cerrar del ojo derecho significaba una cosa, un índice doblado otra y así fue como inventamos todo un vocabulario combinando

suspender no hacer pasar de curso en la escuela

los gestos básicos. Los profesores, para poder mantener un poco de calma en la clase, nos sentaban lejos el uno del otro, pero con nuestro código podíamos "conversar" desde lejos, sin decir una palabra todo el tiempo que el profesor volvía la espalda a la clase. Para poder ejercitarnos en esta empresa, nos quedábamos a veces días enteros sin pronunciar una palabra, pero intercambiándonos información sólo con nuestras señas. Los otros estudiantes no entendían nada y eso nos gustaba mucho.

De todo lo que nos enseñaban en la Universidad, la esgrima era lo que más nos apasionaba y a veces nos adiestrábamos mucho más que los otros estudiantes. Cuando todo el mundo salía a pasear por los locales de la ciudad, aprovechábamos que la sala de armas estuviera libre para intercambiar unos cuantos pases de espada. Después de los saludos habituales con un amplio movimiento del brazo imitando el paso del sombrero por el suelo y haciendo una reverencia al adversario, como debían hacerlo los verdaderos caballeros, comenzábamos con los molinetes*, los asaltos

molinete movimiento circular que se hace con la espada alrededor de la cabeza para defenderse

Capítulo I

y los atajos⋆, cruzando nuestras armas. Durante los combates, además de las fintas⋆ y los amagos⋆ enseñados por nuestro maestro, tratábamos de desarrollar otras astucias. Gracias a nuestro espíritu ingenioso y a la afinidad de nuestras mentes, sabíamos cómo parar el ataque del contrincante cada vez, adivinando la dirección de la espada del otro. Apenas inventábamos una finta nueva, pasaba a ser parte de nuestros recuerdos para unirse a la larga lista de lo que ya habíamos aprendido. La noche estaba ya muy avanzada cuando terminábamos nuestro combate.

Nuestra amistad se hacía cada vez más fuerte con cada estocada de la espada. En poco tiempo sentimos que también nuestros cuerpos se habían reforzado y que nos habíamos convertido en hombres hechos y derechos. ▪

atajo treta para herir al adversario por el camino más corto
finta amago de golpe para tocar con otro, para engañar al contrario
amago acción de amagar, hacer ademán de golpear

Actividades

Expresión escrita

1 **¿Sabes hacer una descripción?**

Describe la Universidad en la que Diego y Manuel estudian.

....
....
....

Ahora describe tu escuela, colegio o instituto.

....
....
....

Gramática

2 **Busca algunos de los pretéritos indefinidos de la historia y escribe los verbos. Cuando tengas esa lista, conjuga cada verbo en el pretérito perfecto.**

Verbo en Pretérito INDEFINIDO	Verbo en INFINITIVO	Verbo en Pretérito PERFECTO
vi	*ver*	*He visto*

3 **¿Sabes qué diferencia hay entre ESTAR LISTO y SER LISTO? Une cada expresión con su significado.**

h	ser atento	**a**	prestar atención
1 ☐	estar atento	**b**	preparado
2 ☐	ser listo	**c**	incómodo
3 ☐	estar listo	**d**	ágil de mente
4 ☐	estar violento	**e**	no estar dormido
5 ☐	ser violento	**f**	inteligente
6 ☐	estar despierto	**g**	agresivo
7 ☐	ser despierto	*h*	amable

Vocabulario

4 **¿Cuál de estas palabras no pertenece a cada grupo?**

	~~máscara~~	caballo	perro	gato
1	lluvia	nieve	viento	negro
2	sombrero	pueblo	ciudad	aldea
3	vino	héroe	agua	leche
4	espada	uva	manzana	naranja

5 **Marca la opción correcta de las dos que se proponen.**

1 En la Universidad hay un alumno .... habla cinco idiomas.   **a** que   **b** quien

2 ¡Aquí .... frío! ¿Por qué no te pones un abrigo?
        a es   **b** hace

3 Cuando llegué .... España no hablaba español.
        a en   **b** a

4 ¿Usted .... algún restaurante mejicano?
        a conoce   **b** sabe

5 Isabel está contenta porque no hubo .... problema en su fiesta.   **a** nada   **b** ningún

6 Está lloviendo .... que la semana pasada.
        a como   **b** igual

El regreso a California

▶ 3 La esgrima era como un juego para nosotros y era aún más interesante cuando combatíamos en secreto en la sala de armas, que cuando nos ejercitábamos en la clase con los compañeros y el maestro de esgrima. El hecho de tener un adversario del que conocíamos hasta el más mínimo movimiento, daba al combate una enorme fluidez. No podíamos, delante de nuestros compañeros de curso, esgrimir la espada con la destreza impecable que habíamos adquirido sin ofenderlos con nuestro estilo y nuestra clase, así es que reservábamos ese tipo de lucha intensa para cuando combatíamos entre nosotros a escondidas.

Una noche nuestro maestro de armas nos sorprendió en pleno duelo y acercándose nos dijo con voz profunda:

–¡Muy bien Señores, enhorabuena! Nunca había visto a ninguno de mis estudiantes combatir de esa manera! Y no recuerdo a dos espadachines* de vuestra clase. La técnica que usáis se asemeja mucho a la mía, pero vosotros ponéis en el combate vuestra propia personalidad.

espadachín hombre que sabe manejar bien la espada.

Pero... ¿por qué no lucháis así durante la clase de esgrima? –preguntó el maestro.

–Es que no queremos que nuestros compañeros y amigos piensen que no son dignos de nosotros. Si les ganamos con demasiada frecuencia se resentirán, Maestro –respondió Diego.

–Y usted, Señor Escalante, ¿qué piensa? –inquirió el maestro.

–Usted bien sabe que los pensamientos de Diego son los míos, Maestro –le dije con una sonrisa.

–Sí, ya me había dado cuenta de ello, vosotros dos hacéis una buena pareja, ¡sois unos verdaderos zorros astutos! –rebatió el maestro.

Diego pensó: unos zorros...... eso nos representaba muy bien. Ser comparados a ese bonito animal tan inteligente que se lleva las aves de corral* sin ser descubierto, era para nosotros el mejor de los cumplidos.

–Pero ante todo –dijo el maestro – vosotros sois unos verdaderos caballeros, y el altruismo hacia vuestros compañeros os honra. ¡Buenas noches, Señores y buen viaje de regreso! Las clases ya se terminan y pronto volveréis a vuestras casas. ¡Os echaré de menos!

corral sitio cerrado donde se guarda el ganado o los animales domésticos

El maestro tenía razón, ya había pasado mucho tiempo desde nuestra llegada a la Universidad como adolescentes. Nos habíamos vuelto ya unos jóvenes hombres fuertes, con la cabeza llena de las enseñanzas de los filósofos, de la poesía de los antiguos escritores, pero sobre todo con el cuerpo musculoso y la espada precisa, rápida y firme.

Había llegado el momento de dejar la Universidad y por lo tanto de separarnos, ya que Diego volvería pronto a la casa de su padre en California y yo a Toledo. Diego no encontraba las palabras para decirme adiós.

–Vuelves a California, ¿verdad? –le pregunté cortando el largo silencio.

–Sí, –dijo Diego– mi padre me necesita allí.

–¿Crees que en tu país aceptarían a otro español más? –dije riendo.

Me miró sorprendido, diciéndome: –¿Te gustaría ir a California? ¿Hablas en serio?

–Muy en serio –le dije– tanto es así que ya escribí a mi padre y…. ¡él está de acuerdo! Hasta me hizo la propuesta de instalar allí un negocio para vender armas de Toledo. Y esta mañana he recibido dinero para los gastos iniciales.

–¡Es maravilloso, amigo mío! Hay un barco

que parte la semana que viene, ¿estarás listo para entonces? –preguntó Diego entusiasmado.

– Estoy ya listo, incluso si tuviera que partir esta noche –le respondí.

Una semana después, la Santa Lucía zarpaba* del puerto de Barcelona, llevándonos a bordo. Después de haber navegado por el Océano Atlántico, doblado el Cabo de Hornos y vuelto a remontar por el Océano Pacífico, nuestra última escala fue en Ilo, pequeño puerto del Perú. Mientras los marineros reponían los víveres y el agua del navío, Diego y yo desembarcamos y aprovechamos para ir a la Cantina del puerto.

Mientras conversábamos delante de una buena copa de vino, unos marineros se acercaron.

–¿Vais a California? –nos preguntó uno de ellos.

–¡Sí! –respondí– al pueblo de Nuestra Señora la Reina de Los Ángeles del Río de Porciúncula, en Alta California.

–¡Lo veis, es como yo decía! –dijo el marinero sonriendo y dirigiéndose a sus compañeros. Luego, volviéndose de nuevo hacia nosotros nos advirtió:

–¡Atención! ¡ese territorio está gobernado por sinvergüenzas!

zarpar salir del lugar en que estaba atracado un barco

Diego se levantó de su silla con la empuñadura de la espada en la mano, diciendo:

–¡Excúsese de lo que dijo, señor, no le permitiré que insulte a la Corona o a mi país!

–¡Cálmese joven!, sepa que en su lugar yo no haría ver las armas en Los Ángeles... ¡Tenga mucho cuidado con el Comandante y siga mi consejo! Se lo digo por su bien. Evite ser demasiado rebelde, créame, ese hombre es el mismísimo diablo y me alegro de estar tan lejos de él.

La mirada de Diego cruzó la mía: el hombre estaba diciendo la verdad porque su sonrisa se había desvanecido y se veía que hablaba muy en serio.

Una vez de vuelta a bordo, mi amigo me susurró:

–Los pequeños zorros deberán ser cautelosos*... será mejor llegar a Los Ángeles sin hacerse notar demasiado. Creo que deberemos ocultar nuestra capacidad con las armas, pero, ¿de qué manera?

–Nada más simple, olvida lo que has aprendido sobre las armas en la Universidad y conviértete en un joven petimetre* y un poco tímido, pero que conoce todos los poemas griegos y latinos –le dije en tono de broma.

cauteloso que obra con cautela, procede con precaución
petimetre persona que suele vestir excesivamente elegante y darse aires

–¡Fantástico! –comentó Diego tomando en serio mi broma.

–¿Y tú?, ¿qué haremos contigo? no puede haber dos hombres mansos*, no sería creíble ... –agregó.

–¿No podría yo pasar por tu sirviente, un tonto que te sigue por todos lados y por qué no, sordomudo? –contesté.

–¡Excelente! Por lo menos podremos entendernos con nuestro código, ¡todo el mundo lo va a creer! Nadie va a sospechar si te hablo por señas. Creo que también debemos cambiar tu nombre, el tuyo es demasiado conocido y no suena como el nombre de un criado, ¿qué te parece Bernardo?

–¡Vale, es perfecto! –dije.

Cuando desembarcamos, fueron un joven y su criado, tan tonto como sordo y mudo, quienes pusieron las maletas en el muelle. Un servidor enviado por Don Alejandro vino a recibirnos para advertirnos que no mostráramos nuestras armas, pero ya para entonces nuestras espadas y nuestras pistolas estaban descansando en el fondo del océano desde hacía varias horas. Un pelotón de lanceros* se dirigía al galope hacia nosotros. Diego sonreía inocentemente esperándolos.

manso apacible, sosegado, tranquilo   **lancero** soldado que pelea con lanza

25

Gramática

1 **Conjuga el tiempo del Pretérito Indefinido de los siguientes verbos.**

	CANTAR	COMER	ESCRIBIR	LAVAR	CORRER
yo					
tú					
él/ usted					
nosotros					
vosotros					
ellos/ ustedes					

Preparación DELE inicial

2 **Don Alejandro piensa que Bernardo, tiene dudas acerca de los artículos en español y le dio algunos ejercicios. Ayúdalo a elegir las opciones correctas.**

Había (*unos / los*) ..*unos*.. treinta caballos en aquel campo.

1 Para Zorro (*los / unos*) .... caballos eran una pasión desde su infancia.

2 (*Los / Unos*) .... lanceros eran (*los / el*) .... enemigos de Zorro.

3 (*El / Un*) .... Capitán Monasterio robó (*el / un*) .... dinero y (los / unos) .... libros con las cuentas.

4 (El / La) .... espada de Zorro hizo mil pedazos (la / el) .... espada de Monasterio.

5 Tornado era (el / la) .... nombre del caballo de Zorro.

Expresión escrita

3 Responde a las siguientes preguntas.

1 ¿Conoces otras historias en las que el personaje principal se disfraza? ....

2 ¿Conoces historias en las que un personaje se transforma en animal? ....

3 ¿Conoces historias en las que el personaje principal es un animal ? ....

4 ¿Conoces otras historias en las que un zorro es uno de los personajes? ....

Gramática

4 Utiliza POR y PARA según convenga para completar las siguientes frases.

1 Diego y yo aprovechamos .... ir al puerto.

2 Gracias .... haber cargado el equipaje, dijo Lolita.

3 El subterráneo fue construido .... el abuelo de don Diego.

4 Diego no encontraba las palabras .... decir adiós.

5 Mi padre está listo .... luchar dijo Don Diego.

6 El Comandante estaba sorprendido .... los gestos entre Diego y Bernardo.

7 La esgrima era como un juego .... Diego y Manuel.

El territorio del Zorro

► 4 A la llegada de los soldados, empecé a recoger las maletas con la ayuda del servidor que nos había recibido. Diego había adquirido un aire tímido con una sonrisa un poco tonta. Llevaba ropa bonita a la última moda de Madrid, que contrastaba con la ropa sencilla que pude encontrar a bordo para mí.

El grupo de soldados se detuvo con una gran polvareda a pocos metros de distancia. Diego se quitó de encima el polvo de su ropa sin perder su sonrisa y miró fijo al Comandante que lideraba* los soldados.

–Don Diego Vega... ¿es usted verdad? –le preguntó secamente el Comandante.

–Sí, Comandante –respondió Diego con voz tímida y suave.

–¿No está usted armado, Señor? –inquirió el militar.

–¿Y por qué debería estarlo? ¿La región ya no es tan segura como antes? –preguntó Diego.

–Permítame que me presente –dijo, evitando la pregunta, –soy el capitán Enrique Ramón Monasterio, Comandante de este reparto.

liderar dirigir o estar a la cabeza de un grupo

Y éste es el sargento Pedro González García –dijo, señalándolo con la mano.

–Conozco al sargento García –dijo Diego–, íbamos a la misma escuela cuando éramos niños.

–¡Sí, sí! –respondió el sargento, un gigante con una fuerza excepcional y un espadachín formidable, avergonzándose un poco de tener que admitir que conocía a ese debilucho. –¡Pero el Diego que yo ví partir me parecía mucho más rebelde y animado!

–Es cierto –dijo Diego –pero en España tuve la oportunidad de aprender otros placeres diferentes de la lucha y creedme, mucho más civilizados ...

–¿Y cuáles son esos placeres? –preguntó el Comandante.

–La poesía, la lectura, la música –respondió don Diego.

–Y dígame: ese hombre que está con usted, ¿quién es?

–Es Bernardo, mi servidor: es sordomudo.

–Ah, ¿sí? –dijo Monasterio desenfundando* su arma –¡Veamos!

En ese momento yo estaba de espaldas al grupo, porque estaba amarrando las maletas a la

desenfundar quitar la funda o la cubierta que envuelve

diligencia. El tiro del fusil de Monasterio resonó detrás de mis botas. No me moví mínimamente, porque me esperaba algo así..... Seguí amarrando las maletas como si nada hubiera sucedido.

Cuando me volví, Diego me dijo por nuestro código de señal: –*¡Bravo, Manuel, no se te ha movido un pelo! Los hemos convencido a estos tontos.*

–¿Qué hace? –preguntó el Comandante, sorprendido por los gestos.

–Le doy las gracias por haber cargado el equipaje, Comandante, ésta es la única manera de comunicarse con él – contestó Diego.

Yo le respondí a Diego por el mismo código.

–¿Pero qué dice? –preguntó García.

–Dice que todo está listo y podemos partir hacia la hacienda –dijo Diego, sabiendo que podíamos decir cualquier cosa porque nuestro código era indescifrable.

–¡Un momento! partiréis sólo cuando el Sargento haya inspeccionado vuestro equipaje –dijo el Comandante dándoles la espalda sin esperar una respuesta y espoleando★ a su caballo, que se puso al galope veloz dirigiéndose al pueblo.

Una vez que el Comandante se perdió de vista,

espolear picar con la espuela a la cabalgadura

García, que no quería volver a bajar el equipaje y revisar entre los vestidos perfumados de Diego, se dirigió a sus soldados:

–No será necesario revisar el equipaje, conozco a Don Diego: ¡puede partir!

–¡Gracias, Sargento! si le parece, mañana nos vemos en la Cantina y le ofreceré una copa de vino – dijo Diego.

–Muchas gracias, Don Diego, acepto con gusto: ¡hace tanto calor!

Cuando la diligencia llegó a la Hacienda de la familia Vega y los caballos se detuvieron, un hombre se acercó sonriendo a Diego, abriendo los brazos para abrazarlo.

–¡Padre! – exclamó Diego.

–¡Finalmente hijo mío! Ven y cuéntame tu viaje –exclamó Don Alejandro acompañando a Diego hacia los sillones del patio sin siquiera dirigirme la palabra.

Más tarde, cuando Diego me encontró en su habitación me confesó que su padre estaba muy decepcionado con él y que lo tomaba por un hombre débil que tiene miedo de las armas.

–El capitán Monasterio es un ser ávido de dinero que aprovechando de su posición y con

la ayuda de don Luis Quintero, el Alcalde de Los Ángeles, malversan★ los fondos recaudados para su propio beneficio –dijo Diego. – Mi padre no tiene ninguna prueba, pero los fondos recibidos por el Gobernador son muy inferiores a los recaudados con los impuestos. El Comandante hace trampas★ con los libros contables. Además, todos aquellos que no pueden pagar, son encarcelados y azotados. Mi padre, con un grupo de amigos, está listo para luchar contra el ejército, pero esto sería considerado como un acto de rebelión contra la Corona. ¡No puedo dejar que eso suceda! ¿Qué puedo hacer?

–¡Hagamos como los astutos zorros que buscan en el gallinero lo que necesitan! –le contesté.

–¡Pero claro! –dijo Diego. Bastaría que un zorro encontrara en la oficina del Comandante los verdaderos libros contables de la Corona y con esta prueba el Gobernador podría condenar al Comandante.

–Pero ahora, Bernardo, ¡fíjate en esto! –me señaló.

---

malversar apropiarse o destinar los caudales públicos a un uso ajeno a su función

hacer trampa ardid para burlar o perjudicar a alguien

Y diciendo así se acercó a un enorme armario macizo de estilo español. Bajo una pequeña ranura* del mueble me mostró un mecanismo y lo presionó. En ese momento, el fondo del armario se movió, revelando una escalera que descendía bajo la casa.

–Este subterráneo fue construido por mi abuelo, para huir en caso de ataque de los indios. Dudo que mi padre conozca su presencia. Lo descubrí poco antes de salir para España. Lleva a una cueva detrás de la Hacienda. Su entrada es invisible desde el exterior porque está ocultada por arbustos.

Nuestro zorro podía hacer de ella su refugio. Hay espacio suficiente como para albergar un caballo y otro acceso secreto a los establos para entrar el forraje discretamente.

–Tomaré uno de los varios caballos de mi padre y lo ocultaré en la cueva. Esta noche, iré a la oficina del Comandante para encontrar las pruebas.

Luego, hurgando en una de las numerosas maletas que estaban en la habitación, Diego sacó

ranura hendidura, corte en una superficie

una capa de raso negro y brillante, de otra sacó un sombrero negro y finalmente, completó su traje con una camisa, pantalones y botas del mismo color.

–Va a ser necesario que esconda la cara... ¡dame ese pañuelo! –dijo después de haberse vestido.

Después abrió un baúl de madera detrás de la cama y sacó una espada de oficial.

–Es la espada de mi abuelo, ¡dime lo que piensas de ella! –me dijo lanzándomela de forma que la empuñadura estuviera de mi lado.

La cogí al vuelo, diciendo:

–¡Qué equilibrio! Un arma simple pero formidable: ¡magnífica!

Diego estaba feliz de mostrar su espada al hijo de un armero. Esa noche, un jinete* enmascarado salió de la cueva y cabalgó bajo la luna hacia el cuartel.

---

jinete hombre diestro en la equitación

Expresión oral

1 **Manuel ayuda a Don Diego para que Zorro no sea desenmascarado y reconocido. ¿Por qué crees que el autor elige este personaje? ¿Cómo se las ingenian Diego y Manuel para hacer que la fidelidad de Bernardo sea creíble?**

Gramática

2 **Bernardo escribió algunas frases acerca de la historia del libro Zorro para que tú conozcas un poco más, pero sigue teniendo problemas con los artículos.**

Arthur McCulley publicó (*el / la*) ....*la*.... novela Zorro en 1919.

1 (*Una / La*) .... novela consta de varias partes y (*el / la*) .... primera fue publicada en 5 episodios en (*el / la*) .... revista de historietas All-Story Weekly.

2 Zorro es (*uno / el*) .... de (*unos / los*) .... personajes más famosos entre (*unas / las*) .... historietas y es (*una / el*) .... de las novelas más representadas en (*la / el*) .... televisión.

3 (*El / La*) .... novela comienza describiéndonos a (*el / un*) .... tal Diego Vega, hijo de (*el / un*) .... hacendado de California. Tenía (*unos / los*) .... dieciséis años y estudiaba en (*la / una*) .... Universidad de Barcelona.

4 Después de aprender (*el / un*) .... arte de (*la / una*) .... esgrima y de terminar sus estudios, vuelve, junto a su amigo Manuel, a su casa en California.

Comprensión lectora

3 Une la descripción correcta con cada persona.

> **f** Zorro
1. ☐ Sargento García González
2. ☐ Don Diego Vega
3. ☐ Capitán Ramón Monasterio
4. ☐ Fray Felipe
5. ☐ Don Carlos Pulido
6. ☐ Don Alejandro Vega
7. ☐ Lolita Pulido
8. ☐ Isabel Sillero
9. ☐ Bernardo

a Es un soldado fuerte y grande.
b Es joven y bonita.
c Es el padre de Don Diego.
d Es el Comandante del Cuartel.
e Es el padre de Lolita.
f Lucha por la justicia y protege los pobres.
g Está interesado sólo en leer y cantar.
h Se finge sordo y mudo.
i Es un fraile amable y tiene mucho coraje.
j Es intrigante, hermosa y es amada por Zorro.

Expresión escrita

4 Describe a tres de tus personajes favoritos utilizando los verbos SER y ESTAR.

Ej: *El Sargento García ES fuerte y grande.*
Isabel ESTÁ enfadada con el Capitán Monasterio.

Personaje 1: ....

Personaje 2: ....

Capítulo IV
El arresto de Don Diego

▶ 5 El Caballero vestido de negro detuvo su caballo a la entrada del pueblo de Los Ángeles. Todo parecía dormido, sólo se oían algunas voces que provenían de la Cantina en la penumbra⋆ del anochecer. Deslizándose en la sombra a lo largo de las paredes de las casas de adobe, Diego pensó en nuestra conversación. Se decía que el apodo⋆ de "zorro" le sentaba muy bien... un animal astuto que se deslizaba sigiloso como lo estaba haciendo ahora... Eso es: ¡de ahora en adelante se haría llamar Zorro! Su nombre infundiría el terror entre los potentes que usan su poder para oprimir al pueblo. Tenía la sensación de trabajar en nombre del Rey, para que el pueblo pudiera recuperar la confianza en la Corona española. Eran esos los valores que su padre le había inculcado, pero que se había visto obligado a cumplir de manera secreta para poder llevar a cabo sus planes hasta su objetivo final. Un día tal vez confesará la verdad y todo el mundo sabrá que Don Diego y el Zorro son la misma persona, pero por ahora nadie deberá saberlo.

penumbra sombra débil entre la luz y la oscuridad
apodo nombre que suele darse a una persona

El Zorro

En la puerta del Cuartel*, un lancero desganado estaba de guardia. El hombre se balanceaba de una pierna a la otra y bostezaba continuamente. Zorro rodeó el edificio buscando una saliente de la pared que le permitiera apoyar su pie. Para un común mortal escalar esa pared era imposible, pero Zorro estuvo en el techo en menos de un instante. A cuatro patas en el techo, se asomó para mirar el despacho* del Comandante y se dejó caer en el balcón al interior del cuartel. Dentro había luz, pero todo parecía desierto. Zorro entró.

No sabía realmente lo que buscaba: un libro de cuentas, cartas... algo que pudiera probar la culpabilidad de Monasterio y de Don Luis Quintero, el Comandante y el Alcalde unidos en la corrupción. Buscó en los cajones, revolviendo, sin preocuparse de poner orden nuevamente. En cuestión de minutos, y en el silencio total, el piso del despacho del comandante se llenó de documentos y papeles. De repente, una puerta se abrió. Zorro se puso inmediatamente en guardia.

–¡Vaya! ¡Con que esas tenemos: un ladrón en el

cuartel edificio destinado para alojamiento del ejército
despacho local destinado al estudio o al trabajo

Cuartel! –exclamó el capitán entrando– ¡Vamos a pasar un buen rato!

Monasterio desenvainó su espada contra Zorro. Los dos hombres se aprestaron al combate.

–No soy un ladrón, soy El Zorro, defensor de los oprimidos. Y voy a ser tu peor pesadilla – dijo Zorro.

El capitán se echó a reír:

–Nunca tengo pesadillas. ¡Señor Zorro, morirás antes del amanecer!

Monasterio lanzó su ataque y cruzó su espada con la de Zorro, que retrocedió. Siguió otra estocada del capitán y Zorro esquivó la hoja de la espada por pocos milímetros. Un tercer pase tuvo el mismo efecto.

–Pero, ¡ataca en vez de huir, cobarde! –exclamó el capitán.

Zorro sonreía. Una sonrisa que molestaba a Monasterio..... hubiera preferido ver que su oponente tenía miedo.

De hecho, Zorro estaba estudiando la táctica para luchar contra el Comandante, que era un buen duelista, pero lejos de la calidad de Pedro González García, su sargento.

En un instante la lucha cambió. Zorro comenzó a atacar a su vez, sin dejar de reír. Las cosas cambiaron para Monasterio.

–¿Y bien Comandante? ¿Retrocedes ahora? ¿Por qué no luchas? –dijo Zorro en tono burlón.

–¡Especie de máscara de carnaval!, ¡fanfarrón*!, ¡voy a hacerte tragar la lengua! –gritó fuerte Monasterio para que los lanceros se acercaran.

–Veo que estás buscando refuerzos... así que voy a terminar la pelea antes de que otros lleguen – dijo Zorro.

Uniendo la acción a la palabra, Zorro tocó con la punta de su sable la guarda* de la espada de Monasterio y rápidamente, con un molinete, se la arrebató de la mano. La espada fue a estrellarse contra una viga del techo, fuera del alcance de su dueño. Desarmado, el comandante se mostró sorprendido y empezó a temer por su vida.

Se oían los pasos de los soldados que se acercaban bajando las escaleras del cuartel.

–Debo marcharme ahora Comandante, pero sé que voy a verte de nuevo. Mientras tanto cuídate y no robes más dinero al pueblo y a la Corona

fanfarrón que hace alarde de lo que no es y en particular de valiente
guarda guarnición de la espada

española, y para que pienses a menudo en El Zorro, voy a dejarte un recuerdo...

Con un salto subió al pupitre*, lo liberó con una patada y trazó una gran Z en la madera, justo delante de donde el capitán se sentaba todos los días.

–¡Adiós! –dijo Zorro saliendo por el balcón justo cuando los lanceros entraban al despacho.

–¡Te encontraré, canalla! –rugió el Comandante.

–¡Lanceros! ¡Atrapad a ese hombre! – ordenó.

El galope de un caballo resonó por las calles. El Zorro se había marchado.

–¿Quién era? –dijo alarmado el sargento García, mientras entraba.

–¡Un ladrón, hurgó por todas partes! –respondió el Comandante. –Tengo mis sospechas acerca de su identidad porque, aunque estaba enmascarado, creo que lo he reconocido.

–¿En quién piensa usted? –preguntó el sargento.

–En Don Diego, Sargento, ¿no me ha contado usted que cuando erais adolescentes fingíais ambos un duelo con bastones de madera?

–Sí, es cierto, él tenía mucho talento y hasta me ganó varias veces. Me parecía curioso que se le hubiera pasado la habilidad... –contestó García, dudando.

pupitre mueble con tapa en forma de plano inclinado, para escribir sobre él

–Y su regreso al pueblo de Los Ángeles corresponde exactamente con la llegada de El Zorro, ¡no puede ser una coincidencia! –replicó el Comandante.

–¡Comandante! Aunque sea mi amigo, voy ahora mismo a arrestarlo.

–Muy bien sargento, y póngalo en la cárcel, le interrogaré mañana.

¡A las órdenes! – dijo García.

Media hora más tarde, el sargento y algunos hombres despertaron a la gente de la Hacienda de Don Alejandro Vega. A Diego, que estaba en su cama, le pidieron que se vistiera y que siguiera a los soldados, a pesar de las amenazas y los gritos de Don Alejandro. Yo ayudé a Diego a vestirse e intercambié una mirada que valía por todos los mensajes: nos entendimos inmediatamente.

Diego fue trasladado a una celda, pero gracias a su rango, se le permitió llevar un libro, una manta y quedarse con sus zapatos.

El sargento García, desconsolado al ver a su amigo en esa situación, le llevó un plato de frijoles, pan y una jarra de vino que había obtenido en la Cantina, despertando al cantinero que acababa de

acostarse. Había puesto todo en la cuenta de Don Diego, porque su modesto salario no le permitía pagar todo eso.

–¿De qué se me acusa, García? –preguntó Don Diego.

–De ser un ladrón enmascarado que se hace llamar Zorro –contestó el Sargento.

–¿Y usted qué piensa? –objetó Don Diego.

–No sé qué pensar, lo creí por un momento, pero ahora lo dudo –fue la respuesta sincera del sargento.

Gracias García por esta comida, pero no tengo mucha hambre. Guarde ese vino para usted. ¿Puedo quedarme con la vela? Quisiera leer un poco.

–¡Por supuesto Don Diego! Sólo asegúrese de no quemar la paja del lecho, respondió el sargento, llevándose la jarra.

–¡No tan rápido! –dijo una voz en la oscuridad– ¡abre la celda!

El sargento y Diego miraron hacia donde venía la voz... Una figura toda vestida de negro salió de la penumbra y se colocó delante de ellos.

–Pienso que este hombre es inocente, ¡déjalo libre! –dijo Zorro.

Aquella era la prueba para el Sargento: ¡Don Diego no podía ser El Zorro! ■

Gramática

1 **Conjuga el tiempo del Pretérito Indefinido de los siguientes verbos.**

	SER	ESTAR	PONER	DECIR	CONOCER
yo					
tú					
él/ usted					
nosotros					
vosotros					
ellos/ ustedes					

Comprensión lectora

2 **Explica por qué Don Diego decide hacerse llamar El Zorro.**

....

....

....

....

Antes de leer

Comprensión lectora

3 **Cuál de estos personajes ficticios o súper héroes.........**

1 ....¿te recuerda la historia de Zorro?

    A ☐ Flash Gordon   **D** ☐ Superman

    B ☐ el hombre araña   **E** ☐ Batman

    C ☐ Hulk   **F** ☐ El llanero solitario

2 ....¿tiene un caballo?

A ☐ D'Artagnan   **D** ☐ Cyrano de Bergerac

B ☐ El Conde de Montecristo   **E** ☐ Ulises

C ☐ Don Quijote de la Mancha   **F** ☐ Eneas

Vocabulario

4 ¿Qué palabra no corresponde?

soltero – divorciado – ~~cansado~~ – viudo

1 cuchara – vaso – cuchillo – tenedor

2 árbol – zapatos – pantalones – camisa

3 arroz – vino – cerveza – zumo

4 flan – macedonia – helado – merluza

5 profesor – jubilado – arquitecto – taxista

6 barba – pelo – bigote – calvo

7 salado – helado – picante – soso

8 miércoles – jueves – mayo – lunes

5 En esta sopa de letras aparecen dos estaciones del año, dos meses del año y cinco días de la semana. Búscalos.

C	J	A	L	M	O	G	N	I	M	V	D	Q
S	I	L	U	N	E	S	A	K	F	E	S	G
B	A	H	A	F	J	E	G	N	J	R	V	H
R	U	R	S	K	K	V	L	E	U	A	I	E
S	E	P	T	I	E	M	B	R	E	N	E	F
V	W	D	G	O	N	R	E	A	V	O	R	B
J	L	M	Ñ	E	E	P	R	I	E	A	N	I
O	T	O	Ñ	O	R	X	D	K	S	Y	E	B
L	T	L	U	X	O	M	A	R	T	E	S	R
O	S	A	Q	M	Z	M	P	O	G	E	Z	A
H	B	M	I	E	R	C	O	L	E	S	H	J

Capítulo V
El jinete de la noche

▶ 6 El Sargento reaccionó rápidamente y buscó su espada en el cinto*.

–¿Es esto Sargento lo que estás buscando? –dijo Zorro sonriendo. El hombre de negro le mostró la espada perdida. Burlándose del sargento García, Zorro lanzó la espada al aire.

–¡En guardia lanceros, Zorro está aquí! – gritó el Sargento.

Pero los lanceros, pensando que Zorro ya estaba preso en la cárcel, no entendían mucho y como se acababan de acostar después de la captura de Don Diego, los refuerzos tardaron en llegar. Sólo el Comandante que estaba poniendo orden en su despacho salió al patio. ..... y vio a Zorro en el techo y a Diego en la celda. A su vez, empezó a llamar a gritos a las guardias, pero Zorro ya había desaparecido cabalgando su fiel Tornado. Su figura se recortaba en la sombra de la noche aclarada sólo por una pálida luna.

El Comandante puso inmediatamente en libertad a Don Diego pidiendo infinitas disculpas.

cinto cinturón, faja de cuero que se usa para ceñir la cintura

El Sargento en realidad se alegraba de que su amigo Diego fuera absuelto de toda sospecha. Nadie, aparte Diego, podía imaginar que el traje de Zorro se lo había puesto el fiel Bernardo en esa ocasión. ¡Qué hazaña para un sirviente sordomudo!

Cuando me reuní con Diego en la Hacienda, pasamos el resto de la noche festejando y riéndonos de las disculpas del Comandante y de la credulidad de Sargento.

—¡Qué bien imitas mi voz, era perfecta! —me dijo Diego.

—Lo más difícil fue imitar tu acento de California... ¡pero creo que si me quedo por aquí más tiempo lo sabré imitar mejor!

Tal vez esa noche bebimos demasiado, porque nuestra habitual discreción se nos olvidó...

De pronto la puerta de la sala se abrió y Don Alejandro entró, con una amplia sonrisa en sus labios. Estaba radiante*.

—Deberíais hablar en vuestro idioma de signos, de lo contrario todo el mundo sabrá vuestro secreto —nos dijo.

radiante que siente y manifiesta gozo o alegría grandes.

52

–¿Nos ha escuchado, Padre? –dijo Diego preocupado.

–¡Claro! Y estoy muy contento por ambos.

–Algo me decía que usted Señor, no era sólo un humilde servidor –dijo dirigiéndose a mí– pero admito que me hizo dudar por un momento. ¿Quién es usted Señor?

–Me llamo Manuel Escalante, hijo de Rodrigo Escalante, armero de Toledo. ¡Para servir a usted!

–¡Bien!, en esta casa usted será Don Escalante, Señor, y será mi invitado por el tiempo que desee.

–Esto me honra, Don Alejandro, pero si usted lo permite, quisiera quedarme como Bernardo, el sirviente mudo y sordo: la credibilidad de El Zorro y la seguridad de su hijo dependen de ello –respondí.

–Como quiera, joven, pero sepa que para mí, usted es un verdadero caballero. Además ¡ha salvado a mi hijo! –dijo Don Alejandro feliz.

–En cuanto a ti, Diego, te confieso que la noticia alegra mi corazón. Pensé que te habías convertido en un cobarde que tenía miedo de luchar por la justicia. Con Zorro, venceréis al Comandante abominable* y a su cómplice. ¡Estoy seguro!

abominable que desagrada profundamente

–Gracias Padre –dijo Diego– pero nada debe salir de estos muros. Sigue considerando a mi amigo como un servidor, sobre todo delante de los criados de la casa.

–Comprendo y sepa ... ¡ehm!, Bernardo, que bajo las órdenes que yo podré impartirle encontrará toda mi admiración.

El pueblo sólo hablaba de El Zorro. La noticia había sido divulgada por los soldados y el Sargento García había sido el más elocuente y locuaz. Según él, El Zorro era capaz de trazar una Z en la mejilla de su contrincante. Por supuesto que Zorro nunca había hecho eso, salvo trazar su signo en una mesa, pero al Sargento le gustaba agregar detalles. García se decía que cuando lo capturara, la gente lo admiraría. Además capturar a un villano* requería un coraje excepcional. Pero en verdad, lo que más le interesaba era la gran recompensa que el Alcalde había prometido para quien capturara a Zorro.

Al día siguiente, Diego encontró al Sargento García en la Cantina. Este último, después de unas cuantas copas de vino, confesó que en los próximos días debía acompañar al Comandante a

villano ruin, indigno

Monterrey con una pequeña escolta*. Diego vio la oportunidad para una nueva visita de Zorro al despacho de Monasterio. Tenía que encontrar las pruebas de su culpabilidad.

El estruendo de la calle les hizo salir de la Cantina. Algunos lanceros, dirigidos por un cabo, traían a una joven muchacha hacia el cuartel.

–¿Qué pasa? ¿Quién es esa señorita? –preguntó el Sargento.

–Es la señorita Isabel Sillero, el Comandante pidió que la arrestáramos –fue la respuesta.

–Pero…. ¿Por qué?

–Conspiración –dijo el cabo con un aire desconsolado– el Comandante ve enemigos por todas partes.

–¿Qué arriesga la señorita? –preguntó Don Diego preocupado.

–Por el momento la prisión y a continuación… y el sargento barrió el aire con la mano con un gesto que significaba todo y nada al mismo tiempo.

–¿Qué horrible! –dijo Diego y agregó deprisa: –perdone, Sargento, pero tengo que regresar a la Hacienda, mi padre me pidió que le llevara sus cuentas.

escolta conjunto de personas que protegen a alguien o algo

Capítulo V

Cuando llegó la noche, Zorro se introdujo hasta la puerta de la celda, donde la señorita dormía. Cuando Isabel vio al hombre de negro lanzó un grito sofocado.

– No tenga miedo, señorita, le haré salir de allí ¡pero no haga ruido! – dijo Zorro poniendo el índice delante de la boca.

Mientras tanto, en la Cantina había comenzado una riña entre los clientes. Zorro aprovechó que los soldados estaban ocupados con la trifulca* para coger las llaves que estaban colgadas en la pared, abrir la celda, hacer salir discretamente a Isabel y escaparse con ella sobre Tornado, que esperaba entre las sombras.

El caballo negro galopó hasta la Misión de San Gabriel.

Cuando llegaron allí, Zorro saltó del caballo y tendió su brazo a Isabel y la ayudó a bajarse del caballo.

–¡Fray Felipe! ¿puede proteger a la señorita Isabel Sillero en la Misión? El Comandante la busca –dijo Zorro.

–¡Señor Zorro! ya he oído hablar de usted –dijo

trifulca desorden, riña

el sacerdote –la señorita va a estar a salvo aquí, puede quedarse tranquilo.

–Señor Zorro –dijo Isabel curiosa– ¿puedo ver la cara del hombre que me salvó?

–Lo siento, no puedo mostrarme –dijo Zorro.

Pero de pronto, como volviéndolo a pensar, levantó su máscara hasta la nariz y la besó. Isabel, muy sorprendida, respondió a su beso.

–Voy a rezar por tu pronto regreso, estoy deseando volverte a ver otra vez –dijo emocionada Isabel.

–Lo mismo digo, Isabel, pensaré sólo en ti.

El jinete de la noche volvió a montar en su caballo y desapareció en la oscuridad.

Al día siguiente, don Alejandro recibió huéspedes: su vecino y amigo Don Carlos Pulido venía a visitarle acompañado por su hija Lolita. Lolita era bonita y Don Diego era un hombre muy apuesto. Los padres pensaban que el casamiento estaba ya prácticamente hecho.

En realidad ésta no era la opinión de los directos interesados.

Comprensión lectora

1 **Decide cuál de las opciones es la correcta.**

1 Zorro está vestido de:
- **A** ☐ negro
- **B** ☐ azul
- **C** ☐ marrón

2 El sargento García piensa que Zorro es:
- **A** ☐ Don Diego
- **B** ☐ Monasterio
- **C** ☐ Don Alejandro

3 Lolita Pulido es hija de:
- **A** ☐ Don Pulido
- **B** ☐ el sargento García
- **C** ☐ Alcalde

4 Fray Felipe vive en:
- **A** ☐ Los Ángeles
- **B** ☐ la Misión
- **C** ☐ San Francisco

5 Isabel es una chica:
- **A** ☐ muy bonita
- **B** ☐ fea
- **C** ☐ antipática

6 Bernardo es:
- **A** ☐ mudo y sordo
- **B** ☐ ciego
- **C** ☐ soldado

7 Don Alejandro es el padre de:
- **A** ☐ Manuel Escalante
- **B** ☐ Fray Felipe
- **C** ☐ Don Diego

Preparación DELE inicial

2 **Coloca el pronombre o el adjetivo que corresponda en las siguientes frases.**

1 Al Capitán .... parece que Don Diego es Zorro.

2 A Manuel .... han suspendido. ¡Es normal! .... gusta muchísimo salir de noche.

3 Ayer se sintió mal en clase y se .... doblaron las rodillas.

4 A Don Alejandro no .... gusta que hablemos cuando está trabajando.

5 Tenía mucha hambre y cuando llegó a casa ....
pidió la cena.

6 El caballo que ....compré el año pasado se
.... he vendido a mis vecinos.

7 A mi madre .... regalé unas flores para
.... cumpleaños.

8 .... libros están todos en la librería.

Antes de leer

Gramática

3 **Busca en esta sopa de letras los siguientes pronombres.**

YO – TÚ – ÉL – ELLA – NOSOTROS –
USTEDES – NOSOTRAS – ELLAS – ELLOS –
USTED – VOSOTROS – VOSOTRAS

Capítulo VI
Zorro se quita la máscara

▶ 7 Diego sólo pensaba en Isabel. Me hablaba constantemente de ella. Yo sonreía porque lo sentía locamente enamorado, hasta el punto de que tuve que hacerlo razonar para que no delatara a Zorro.

Por su parte, Isabel, esperaba con impaciencia el regreso del hombre de negro, objeto de sus fantasías. Recordaba cómo la había salvado y cómo le había demostrado su amor con un beso. En sus sueños veía a Zorro preparándose a darle un anillo como signo de amor eterno, pero cada vez llegaba el capitán Monasterio y el sueño terminaba abruptamente*. Le había preguntado a Fray Felipe sobre la identidad de Zorro, pero él no sabía más que ella al respecto, sólo lo que se rumoreaba en el pueblo.

En la Hacienda Vega, la cena estaba lista. Los invitados estaban bebiendo vino, cuando Diego y yo decidimos bajar al comedor. Lolita, vestida con un vestido claro, estaba encantadora y sus magníficos ojos grandes, para mi asombro, no miraban a Diego, ¡me miraban a mí! Viendo que yo

abrupto violento

también la miraba, bajó la vista e inmediatamente enrojeció.

–Lolita ¿No crees que podría ser un buen marido? – dijo Don Carlos a su hija.

–No creo que Lolita y yo podamos hacer una pareja feliz –dijo Diego– ella es como una hermana para mí. Hemos jugado juntos, hemos crecido juntos… ¡pero casarse es otra cosa!

–Diego tiene razón padre, yo lo considero como el hermano que no tuve– agregó Lolita.

Don Carlos y Don Alejandro se miraron y se echaron a reír.

–De todas formas, nada nos impide hacer una fiesta – respondió Don Alejandro en el mismo tono.

Todos se rieron y disfrutaron de la deliciosa comida.

Don Alejandro había explicado a sus huéspedes que en España algunos servidores podían, en algunos casos, comer en la mesa de sus amos. Era obviamente una pura invención por su parte que me permitía compartir el almuerzo.

Lolita no apartaba su mirada de mí.

Una vez que se marcharon los huéspedes, Zorro se dirigió hacia la Misión de San Gabriel.

Capítulo VI

A su llegada, Isabel le estaba esperando.

–Vine sólo para saludarte –dijo el hombre enmascarado –tengo que ir al Cuartel para buscar pruebas contra Monasterio.

–No encontrarás pruebas en el Cuartel – respondió Isabel.

–¿Sabes algo sobre eso? –preguntó Zorro.

–¿Por qué crees que Monasterio ordenó mi detención? –rebatió Isabel.

–¡Está claro ahora!... Pero entonces, ¿dónde debo buscar? ¡Dime lo que sabes!

–Pues resulta que una noche seguí al Alcalde hasta el viejo cementerio indio detrás de las colinas. El sitio estaba abandonado y nadie iba allí por miedo de los espíritus. Lo vi entrar con una maleta, pero él se dio cuenta de mi presencia a sus espaldas. Yo salí corriendo y volví a mi casa, pero al día siguiente los soldados vinieron a buscarme para llevarme a la cárcel. ¡Sólo Dios sabe lo que me habría pasado si no me hubieras salvado!

–Ahora entiendo por qué fue el cabo⋆ quien te arrestó: él sí que no hace preguntas. ¡Debo ir al cementerio indio inmediatamente!

cabo militar inmediatamente superior al soldado e inferior al sargento

–Llévame contigo –le rogó Isabel –puedo mostrarte el lugar.

–¡Vamos! –dijo Zorro haciéndola montar sobre el caballo negro. Partieron al galope sobre Tornado. El pelo largo de Isabel volaba al viento sobre el antifaz* del jinete enmascarado.

Al llegar a la entrada de la galería, entraron en una pequeña habitación en la que había varias maletas y baúles. Abriéndolas no sólo encontraron el oro que el Comandante y el Alcalde habían almacenado* para ellos, sino también objetos de valor que se pensaba que habían sido robados por algunos ladrones de la zona. Escondido en una de las maletas, Zorro encontró un cuaderno de tapas de cuero negro en el que aparecían todas las cuentas con las estafas* de los dos bandidos. Zorro guardó el cuaderno bajo su camisa.

Isabel y el hombre enmascarado salieron del cementerio sin hacer ruido y volvieron a la Misión.

–Llevaré este documento a Don Alejandro Vega. Es una prueba para el Gobernador de

---

antifaz máscara con que se cubre la cara especialmente la parte que rodea los ojos

almacenar reunir o guardar muchas cosas

estafa sacar dinero o valores mediante engaño y con ánimo de lucro.

la corrupción del Alcalde y del Comandante –explicó Zorro.

–Cuando estén finalmente detrás de las rejas yo seré al fin libre e independiente –suspiró Isabel.

–Puede que esa independencia sea sólo transitoria ... –replicó Zorro.

–¿Por qué dices eso?–preguntó inquieta Isabel.

–Porque tengo intención de proponerte matrimonio, señorita Sillero –exclamó Zorro con una sonrisa.

–¡Y yo creo que aceptaré con gusto! –respondió Isabel, ¡y sin siquiera haber visto tu cara!

–La verás –dijo Zorro –te lo prometo. Y diciendo eso la besó, montó en su caballo y se fue en una nube de polvo.

Todo sucedió muy rápido. Diego dio el libro a su padre, que lo llevó al Gobernador, quien envió un Coronel y un acompañante a destituir* a Monasterio. Al mismo tiempo se llevaron a Monasterio y al Alcalde a Monterrey para ser juzgados. El tesoro fue recuperado y distribuido entre sus propietarios.

Por muchos años, se habló mucho de Zorro y de sus hazañas. Bandidos y ladrones se hicieron

destituir separar a alguien del cargo que ejerce

más y más raros debido a que el justiciero*
enmascarado intervenía en toda la región. Su fama
se propagó a lo largo de toda California y los niños
se divertían usando máscaras negras para emular*
a su ídolo. Además, ya no era un delincuente,
porque el nuevo Alcalde, Don Alejandro Vega,
lo había convertido en el héroe del pueblo de la
Reina de Los Ángeles.

Por su parte Diego, debido a su secreto, no
podía mostrar su verdadero carácter y a pesar de
sus avances y propuestas, Isabel sólo tenía ojos
para el hombre enmascarado. Para ella el pobre
don Diego no era lo suficientemente atractivo.

Una noche, pues, Diego se puso el traje negro
de Zorro y fue a visitar a Isabel. Ella lo recibió con
alegría.

–¡Señor Zorro! ¿Cuándo vas a mantener tu
promesa?

–Para saberlo, ven mañana a la plaza del
pueblo, ya he pedido al Alcalde que reúna a la
gente. Tengo una sorpresa para ti.

Al día siguiente, Zorro hizo su entrada en la
ciudad montando a su famoso Tornado.

justiciero que observa y hace observar estrictamente la justicia
emular imitar

Ante el pueblo reunido, Zorro se acercó a Isabel, que lo esperaba delante de la Alcaldía.

–Isabel Sillero, pido oficialmente tu mano –le declaró.

Y uniendo la acción a la palabra, Zorro se quitó el sombrero y se sacó la máscara, revelando el rostro sonriente de don Diego Vega, ante la sorpresa de toda la audiencia.

–¡No puede ser el verdadero Zorro! –dijo el sargento García –Don Diego estaba en una celda cuando yo vi a Zorro en el Cuartel.

–¡Puede ser que no haya visto bien, Sargento! –grité yo a mi vez.

Un murmullo de sorpresa se elevó de la multitud: el servidor sordomudo... ¡Hablaba!

–Y eso no es todo: ¡vamos a probarlo! –dijo Diego sonriendo.

Me acerqué a él, espada en mano. Diego sacó de su funda la suya, se puso frente a mí y nos saludamos mutuamente como en España. Nuestras hojas se cruzaron y nuestras miradas también sonreían.

La demostración que siguió fue el mejor espectáculo de todos los tiempos en el pueblo de Los Ángeles. Las dos espadas más finas de España se batieron en un duelo perfecto, sin odio, pero con una técnica impecable como para competir con el mejor maestro de armas. Jamás una punta de espada tocó el cuerpo del adversario. No es que nos estuviéramos limitando en nuestras estocadas*, sino que las paradas* eran siempre justas, y los golpes desviados todas las veces. Los combates cesaron con otro saludo.

–Estoy convencida –dijo Isabel, pero entonces ¿cuál de los dos es el Zorro que yo amo y me ama?

–Es Don Diego –dije yo –porque mi corazón está prometido a Lolita Pulido. Y me volví hacia Lolita, mirando intensamente sus grandes ojos negros. Ella me sonrió feliz y esa sonrisa fue para mí la mejor de las respuestas.

---

estocada golpe que se tira de punta con la espada
parada movimiento defensivo, quite

Comprensión lectora

1 Responde Falso o Verdadero.

	V	**F**
La Reina de los Ángeles es el nombre de un pueblo español en California.	☒	☐
1 Los soldados del pueblo son Estadounidenses.	☐	☐
2 En la Misión de San Gabriel hay algunos frailes dominicanos.	☐	☐
3 El sargento Pedro García González es un hombre pequeño y delgado.	☐	☐
4 El hombre enmascarado se viste de gris y se hace llamar El Lobo.	☐	☐
5 Don Diego Vega adora los duelos.	☐	☐
6 Bernardo es muy amigo de Don Diego Vega.	☐	☐
7 Don Carlos Pulido y Don Alejandro Vega son amigos.	☐	☐

Expresión oral

2 Responde a las siguientes preguntas.

1 ¿Quién vive en el cuartel de la Reina de los Ángeles?

2 ¿Quién piensa que Don Diego es un débil?

3 ¿Quién pelea contra el Capitán Ramón Monasterio?

4 ¿Quién no está enamorada de Don Diego?

5 ¿Quiénes quieren que Lolita se case con Don Diego?

6 ¿Quién es amada por Zorro?

7 ¿Zorro confía su secreto? ¿A quién?

8 ¿Qué personaje es el gran antagonista de Zorro?

9 ¿Quién es el Sargento García?

10 ¿De qué nacionalidad son los soldados del pueblo la Reina de Los Ángeles?

11 ¿En qué región de los Estados Unidos está ambientada la historia de Zorro?

12 ¿Sabes explicar por qué?

13 ¿Qué arma usa Zorro para luchar por la justicia?

14 ¿Conoces otros personajes que hayan luchado con esa misma arma?

Gramática

3 Debes poner SER o ESTAR, teniendo en cuenta el tiempo.

Hoy ...*estamos*... a 27 de abril, domingo.

1 .... bien que Diego confiese su secreto.

2 Aprender otro idioma .... fácil.

3 El Gobernador .... a punto de llegar.

4 Yo .... por llamarlo y decirle que hoy no podré ir.

4 Usa la forma de imperativo.

(*Hacer, tú*) ......*Haz*...... todo lo que debes por tu familia.

1 (*Poner, vosotros*) .... todos los caballos en los establos.

2 (*Abrir, tú*) .... la ventana, pues hace mucho calor.

3 (*Venir, tú*) .... a mi casa.

4 (*Hacer, tu*) .... una promesa a tu hermano.

5 (*Irse, tu.*) .... a tu casa, no tengo nada que hablar contigo.

6 (*Volver, Vosotros*) .... mañana, el Sargento está indispuesto.

Zorro, un héroe de ficción

Un protagonista de novela

El Zorro, uno de los primeros héroes de ficción de la cultura moderna, apareció por primera vez en *La Maldición de Capistrano*, publicada en 5 episodios en la revista de historietas *All-Story Weekly* en 1919. Fue traducida a 26 idiomas y leída en el mundo entero. La habilidad de Zorro con la espada, con el látigo y su ingenio lo distinguen de otros héroes. Es un personaje internacional, sabio, valiente, encantador, ingenioso, romántico, defensor de la justicia.

¿Diego de la Vega o Diego Vega?

En las distintas versiones de la historia aparecen los dos nombres. Johnston McCulley, utiliza siempre la forma simple "Vega". En la adaptación de la serie de Walt Disney apareció el apellido "de la Vega", aportando además mayores características a El Zorro y a los otros personajes de la historia (el Sargento, originalmente no es tonto y gordo sino fuerte, musculoso y diestro).

¿Quién es El Zorro?

Es un justiciero enmascarado, maestro en el arte de la esgrima, que utiliza la espada y su ingenio para defender a los oprimidos. Sus enemigos reciben sus burlas y su marca, una Z diseñada con la punta de su espada. Zorro desvelaba al final del primer libro el secreto de su identidad, pero ese detalle fue "olvidado" para mantener el éxito del personaje y crear nuevas aventuras. En 1998, Antonio Banderas fue el primer actor español en interpretarlo en "La Máscara del Zorro" (1998) junto a Catherine Zeta-Jones. En 2005 le siguió una segunda película: "La Leyenda del Zorro" con los mismos intérpretes.

El autor de Zorro
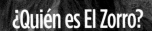
Johnston McCulley

Arthur Johnston McCulley, periodista y escritor, nació en 1883 en Illinois (Estados Unidos) y falleció en 1958 en Los Ángeles, California (Estados Unidos). Aficionado al tema histórico, comenzó a escribir historietas ambientadas con frecuencia en California. Su personaje *El Zorro* surgió en su cuento *La maldición de Capistrano* y tras su éxito escribió desde 1922 a 1958 otras 60 historias sobre el mismo, que aportaron cambios respecto al personaje y a la trama originales: el nombre de Don Diego Vega cambió, su traje fue el mismo que usó el actor Douglas Fairbanks en su película, se cambiaron algunas indicaciones sobre otros personaje como Bernardo y la identidad secreta de Zorro no se volvió a descubrir.

Cómo fue cambiando la leyenda de Zorro

La leyenda de Zorro fue evolucionando con el tiempo, las diferentes representaciones fueron cambiando sus características y le fueron dando forma al personaje.

La idea original

En la novela original de McCulley, el nombre de "Zorro" no tiene la importancia que tendrá en las siguientes versiones. Tampoco se sabe dónde esconde su disfraz y su caballo. Por lo que se refiere a su identidad, nadie sabrá quién es hasta el final de la historia, cuando se quita la máscara y explica a todos cómo y porqué decidió hacer su lucha.

Algunas adaptaciones

La idea original se transformó algo en las siguientes adaptaciones ... De 1920 a 1993 la historia fue cambiando poco a poco y cada nueva versión añadía o quitaba características a sus personajes, adaptando así también las siguientes versiones.

La primera película

En 1920 el actor Douglas Fairbanks, en su película muda *La marca del Zorro*, lo representaba con su espada y su vestimenta característica: traje, capa, máscara y sombrero redondo, todos de color negro. Su extraordinaria fuerza acrobática y su excepcional habilidad en la esgrima forjaron aún más su gran popularidad.

Tras el éxito el autor adaptó *La maldición de Capistrano* y publicó *La Marca del Zorro*, adoptando en sus siguientes escritos el mismo traje para su personaje y las mismas particularidades de la primera película muda.

La serie "Zorro" de Walt Disney

Una de las más conocidas y recordadas representaciones de Zorro es la de Guy Williams, protagonista en la famosa serie televisiva en blanco y negro de Walt Disney. En ésta, por primera vez el personaje de Don Diego aparece como un tranquilo estudiante interesado solo en sus libros, Bernardo es su fiel servidor mudo y el sargento García es un soldado tonto y gordo.

Los dibujos animados

En 1997, la serie de dibujos animados *Las nuevas aventuras de Zorro*, agrega nuevas características futuristas a la historia. Zorro tiene un laboratorio científico en la caverna secreta, su sirviente no es mudo ni se llama Bernardo y es un ágil espadachín. Ambos reciben la ayuda de Isabel, su guapa vecina.

El personaje y su historia evolucionaron desde su creación, pero siempre se mantuvieron bastante fieles al original de Johnston McCulley.

Más de 10 novelas, 60 historias cortas, 50 películas, 5 seriales para el cine, 10 seriales televisivas (entre las cuales la de Disney de 1959, con más de 80 episodios), varias ediciones en historietas para Marvel y Walt Disney Comics, una ópera rock, varias series de dibujos animados y los recientes video juegos, han interpretado la leyenda de El Zorro.

California

¿Dónde está California?

California pertenece a los Estados Unidos de América y es una península situada en la costa atlántica al suroeste del país. En época prehispánica, vivían indígenas americanos de varias estirpes.

Qué sabemos sobre la Colonización española

El Conquistador español Hernán Cortés la visitó en 1534, pensando que era una isla. En 1542 el primer Virrey de la Nueva España (México) ordenó explorar la región del Pacífico Norte, esperando encontrar la mítica ciudad de Cíbola, llena de oro y piedras preciosas.

Los náufragos de la fracasada expedición de Pánfilo de Narváez a la Florida en 1528, difundieron este mito contando a su regreso a la Nueva España historias sobre ciudades con grandes riquezas. Uno de los sobrevivientes, Álvar Núñez Cabeza de Vaca, escribió el libro "Naufragios", en el que describió su aventura desde la costa de Florida hasta la costa de Sinaloa en México.

Cuando la Corona española colonizó las áreas de la costa del territorio a partir de 1769, comenzó la época de las Misiones de los franciscanos y dominicanos. Los españoles apoyaron también el establecimiento de haciendas (grandes extensiones de territorio concedidos gratuitamente), con la explotación de la ganadería extensiva.

Se marchan los españoles y California es ahora mexicana

El período de la Colonización española terminó poco después de la Independencia de México (1821), cuando California pasó a formar parte de éste. Perteneció a México hasta la guerra México–Estados Unidos de 1846–1848.

Llegan los estadounidenses

Después de esta guerra fue cedida a los Estados Unidos y muchas familias de ascendencia española que poseían propiedades en California emigraron, porque el gobierno estadounidense no reconoció sus títulos de propiedad.

Entre 1848 y 1849, durante el período de la Fiebre del Oro, casi 90 mil estadounidenses inmigraron a esta región, convirtiéndose en 1850 en el 31º estado de los Estados Unidos.

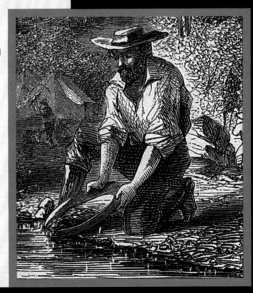

77

Test final

1 Coloca el tiempo correspondiente de indicativo.

1 Todos los días (*ir, Diego*) .... a clase de esgrima porque (*querer*) .... mejorar su nivel y técnica.

2 Cuando (*ser, yo*) .... pequeño, si (*hacer*) .... buen tiempo (*ir, nosotros*) .... a cabalgar por el campo.

3 Aquel día cuando (*llegar, yo*) .... Don Alejandro (*estar*) .... en el salón hablando con Lolita.

4 Esta mañana (*hablar, yo*) .... con el Sargento García, ya que (*estar, él*) .... enfadado conmigo desde que (*tomar, nosotros*) .... la decisión de luchar.

5 A los 16 años (*leer, yo*) .... unos treinta libros, (*gustar, a mí*) .... leer mucho.

6 Esta tarde a las 20:00 ya (*terminar, nosotros*) .... el trabajo, por lo tanto (*poder, nosotros*) .... quedar con vosotros para cenar.

7 Nunca (*estar, él*) .... en Barcelona, sin embargo (*conocer, él*) .... esa ciudad como la palma de la mano.

8 Ahora mismo (*hacer, tú*) .... todos los ejercicios, si no, no (*salir, tú*) .... con tus amigos.

9 Por favor, ¿(*Poder, usted*) .... ayudarme con este trabajo?

10 (*Encantar, a mí*) .... estar ahora mismo en el campo, (*estar, yo*) .... cansada.

2 Coloca el verbo en la forma correcta.

1 El Sargento García (*tener*) .... 40 años, pero parece más joven.

2 Creo que ayer (*él, ir*) .... a hablar con su novia, pero no sé si (*llegar, ellos*) .... a algún acuerdo.

3 Cuando (*levantarme, yo*) .... Lolita ya no estaba en casa , (*salir, ella*) .... para ir a misa: todos los domingos lo hace.

4 El Sargento García (*beber, él*) .... demasiado. Ayer a las 23:00 ya (*bebido, él*) .... 1 litro de vino ¡Es demasiado!.

5 Cuando los soldados llegaron, Don Diego (*estar*) .... durmiendo porque reinaba un silencio absoluto en toda la casa.

6 Desde que se fue a California, no he vuelto a saber nada de Manuel ¿(*Casarse, él*) .... ? Y si se ha casado ¿Cómo (*ser*) .... su esposa? ¿(*Irle*) .... bien la vida? ¿(*Ser, él*) .... tan feliz como esperaba?

7 No sé si (*ser*) .... porque lo quiero o porque siento lástima por él, pero lo que es cierto es que no puedo vivir sin él.

8 Supongo que, desde que Zorro (*aparecer, él*) .... en California, el Comandante (*tener, él*) .... muchísimo trabajo últimamente.

9 Nadie (*conocer*) .... la verdadera identidad de Zorro.

Programa de estudios

///

Estructuras gramaticales

Artículos determinados e indeterminados.

Género y número de los nombres.

Adjetivos calificativos, posesivos y demostrativos.

Pronombres personales de sujeto, CD y CI.

Pronombres posesivos, demostrativos, indefinidos, relativos e interrogativos.

Comparativo y superlativo.

Preposiciones.

POR y PARA

Adverbios.

Presente de indicativo.

Imperativo.

Verbos reflexivos.

Verbos irregulares.

Verbos ESTAR y SER

Estar + gerundio.

Pretérito perfecto.

Futuro simple.

Pretérito imperfecto.

Pretérito indefinido.